단시조 선집

2018 석교시조문학 26인

청옥문학협회

단시조 선집을 내면서

최 경 식
詩, 時調 시인

　작년 석교 장금철 시조시인의 제의로 청옥문학에 뿌리를 두고 발족된 석교시조문학은 청옥문예대학에서 국제신문 신춘문예 시조부문을 다년간 심사하셨던 전치탁 원로 시조시인님의 매주 특강과 양원식 시조시인님의 강의 등을 통해서 우리나라 고유의 내재율을 바탕으로 하는 정형 단시조를 통해서 조금은 경시되었던 시조에 대한 자긍심을 회복하고자 그 뜻을 같이하는 분들의 뜨거운 학구열 덕분으로 좋은 작품들을 만날 수 있었으며 신인 등용문으로서 자리매김을 확고히 할 수 있었다.
　첫 해부터 시조시인 배출과 문학상 제정으로 시조의 보급화에 앞장서는 노력을 게을리 하지 않았던 강사진과 지도부, 그리고 모든 회원들께 경의와 감사의 마음을 전한다.
　시조의 세계란 상상력의 함축과 대상에 대한 관찰, 사고의 고뇌를 통해 독자를 낯설게도 하고 즐겁게도 하며 사유의 깊이를 만끽하게 하는 울림의 마당인 것이다. 올 한 해는 올바른 시조를 짓고 알리기 위해 시조 문예대학을 운영하며 시조 합평회를 통해 시조작법을 개별

지도한 결과로 많은 회원들의 실력이 눈에 띄게 향상되었다. 청옥문학 석교 시조밴드의 활성화로 문학의 지평을 넓혀가니 뿌듯한 마음으로 이번에 작품집에 동참한 작가들과 편집위원들께 감사드린다.

요즘은 현대시조의 파격에 가까운 변화가 눈에 띄지만 그럼에도 우리 석교시조문학이 고집하는 정형시조는 대대로 이어져 온 고유의 내재율을 손상하지 않고 계승하기 위한 노력의 일환이고 시조를 처음 접하여 공부함에 있어 확실한 기본이 되기 때문이다. 정형 단시조의 충분한 담금질을 통해서만이 연시조나 변형시조로 나아가기 위한 기본 골격을 세우는 일이기에 소홀히 할 수 없는 중요한 이유가 된다.

우리 시조는 반만년의 역사를 이어오면서 자연발생적으로 파생되어진 가락의 운율을 갈고 다듬고 간추려지면서 형성되었는데 이에 충실한 작품들을 이번 기회에 선보일 수 있어 감회가 깊다. 아울러 시조의 세계에 입문하는 후학들이 이 책을 통해 정형 단시조를 바르게 이해하고 우리의 정통문학의 멋을 계승했으면 하는 바람이다.

이번 정형단시조 선집을 계기로 누군가는 씨앗에서 새싹을 피워내고, 또 누군가는 아름드리의 튼실한 나무로 성장해 나가는 과정의 확인으로 문학적 소양이나 기량의 비교가 아닌, 숲이 서로를 조화롭게 품어 키워가듯이 서로를 아우르는 노력으로 정형 단시조에 대한 이해와 관심에 조금이라도 보탬이 되어서 우리 석교시조문학에 더 많은 회원의 참여가 이어지고 시조문학의 부흥에 일조했으면 하는 바람을 품어 본다. 석교시조문학은 정격시조쪽이다.

애석하게도 석교시조문학상을 제정하여 문학적 기틀을 마련해 주셨건만 석교 시조집을 보지 못하고 타계하신 (故) 석교 장금철 시조시인께 이 책을 드린다.

목 차

권두언
최경식 | 단시조 선집을 내면서 … 2

회원작품

강선우 …… 7
　노동의 이중성, 관조觀照, 산행, 위안, 발바닥, 매미의 오덕, 코스모스

강주덕 …… 15
　달빛 속에, 대금, 꽃과 나비, 다랑이 논, 간절곶, 콩나물, 태백산맥

김기숙 …… 23
　고뇌苦惱, 시심詩心, 성숙, 풍경, 백련화白蓮花, 대한大旱, 땅나리꽃

김남숙 …… 31
　초가, 아낙네, 절경, 양파, 질경이, 해바라기, 모지랑숟가락

문영길 …… 39
　바지랑대, 돼지꿈, 개꿈, 단풍 상여, 파랑波浪, 모란꽃, 재개발 상권의 허와 실, 기대의 도미노

박종성 …… 47
　옹이, 이별은 단호하고, 사과 붉어지다, 탈피, 탑돌이, 경계, 하얀 햇빛 지나가고

소인선 …… 55
　등대, 도반道伴, 우수雨水, 거미, 장마, 거울, 서룡리西龍里

송경희 …… 63
　태풍의 눈, 초원의 꿈, 장미에게, 여명, 장독대, 새로운 바다, 유혹의 손짓

신순희 …… 71
　섬, 저녁놀, 중년, 산행山行, 불볕더위, 젊음, 길꽃

신경환 …… 79
　지구를 삶다, 오를 수 없는 산, 가을의 서문, 대답 없는 님이여, 노송, 하얀 목련, 어머님의 손

심애경 …… 87
　경지境地, 도자桃子, 아버지의 그림자, 부화孵化, 꿈틀, 갈증渴症, 온천

양원식 …… 95
　비구름 나누는 날, 방하착, 당산 등대, 무쇠솥 누룽지, 문향지, 금곡동 일우, 호포에서

석교시조문학

오용섭 ⋯⋯ 103
  낙동강, 가을의 노래, 여우비, 단풍 연가, 진통제, 갈증, 초심
우종국 ⋯⋯ 111
  달밤, 매미의 사랑, 설중매雪中梅, 잠자리, 가을이 오면, 백두와 한라, 산사의 풍경소리
윤소영(옥희) ⋯⋯ 119
  무념無念, 송도의 밤, 기다림, 유성流星, 소식, 함박꽃, 설렘
윤주동 ⋯⋯ 127
  유혹誘惑, 마음, 본本, 등고선等高線, 저 바람은, 피차일반彼此一般, 위풍당당威風堂堂
이기택 ⋯⋯ 135
  두견화, 소리꾼, 포도밭, 모정, 야생화, 눈물, 민들레
이석락 ⋯⋯ 143
  안분지족, 어리석은 본성, 그 여자, 푸른 세월, 그건 아니야, 갑질, 목숨
이숙남 ⋯⋯ 151
  돝섬, 바다, 정, 철새, 사랑, 나팔꽃, 남강
장선호 ⋯⋯ 159
  속죄, 장독, 중년, 장마, 人生이 뭘꼬하여, 촛불 (꿈), 홍시
전치탁 ⋯⋯ 167
  대춘待春, 조약돌, 떨어진 나뭇잎, 4월, 봄이 오는 길목, 서운암棲雲庵의 봄, 창窓을 닫으며
정연희 ⋯⋯ 175
  매미의 변變, 별리, 달맞이꽃, 꽃을 수놓다, 장독대 뜬 달, 꿈길, 폭풍 속으로
최경식 ⋯⋯ 183
  새로운 정, 별장, 지리산 천왕봉, 겨울, 접시꽃, 희방사, 행복
최동운 ⋯⋯ 191
  길, 세월, 고향, 비 오는 날에, 비雨 여인, 허상虛像, 봄의 침묵
현옥환 ⋯⋯ 199
  잔치, 가뭄, 일광천, 나그네, 축구, 등불, 안개 꽃
홍원기 ⋯⋯ 207
  화가의 꿈, 달빛사랑, 폭염, 여름 장마, 가을 문턱, 섬, 생명수

편집후기 ⋯⋯ 215

석교시조문학은
시인의 감성으로
정형 時調와 만남

| 강 선 우 |

- 아호/심온 • 출생/전북 전주 • 시인, 작사가 • 청옥문학 시조 부문 등단
- 현대시선 이사, 서울시 낭송협회 / 詩흅 홍보 위원장, 민주문학회 회원
- 한국음악저작권협회 회원, 석교시조문학 회원, 시의 전당 푸른 원두막 회원
- 청옥문학협회 재무 차장, 청옥문학후원회 감사

노동의 이중성

뙤약볕 경보따라
지면地面의 삶의 지혜

신호수 외분비샘
뿜어낸 영역 표시

번성한
동족 사랑 애愛
나라 살림 참 일꾼

관조觀照

사계절
바람따라
잎새에 베인 상처

가슴에
새긴 사연
심언의 희로애락

매정한
북풍한설에
고개 떨군 임이여

산행

배내골 기암절벽
발걸음 굽이굽이

춤추는 만산홍엽
꽃단장 비단길에

황혼 녘
달아오르는
산 봉우리 시 한수

위안

소소한
일상 속에
시름이 녹아들면

길어진
하루해가
발아래 시천이니

귀뚜리
뒤꼍 대숲 속
스며드는 애창곡

발바닥

굳은살 옹이 박힌
볼받이 눈석임물

지팡이 걸음따라
살아온 반백의 삶

동행한
행운의 열쇠
행복의 문 걷는다

매미의 오덕

양 날개
주름 잡힌
익선관 군자하니

청아한
아침 이슬
들녘이 풍요롭다

빈 곡간
황금빛 곡식
태평성대 누린다

코스모스

연분홍 저고리에
홍조 띤 함박웃음

요염한 춤사위로
길손들 유혹한다

청명한
가을 햇살에
두런두런 사랑꽃

| 강 주 덕 |

- 출생지/경남 하동
- 계간 ≪청옥문학≫ 시부문 등단
- 청옥문학협회 회원, 시의 전당 푸른 원두막 회원, 석교시조문학 회원

달빛 속에

달빛이 그려내는
한 폭의 동양화 속

실바람 장단 맞춰
대숲은 춤을 추고

그윽한
밤 풍경 속에
깊어지는 내 시심

대금

달빛에
푸른 댓잎
바람에 젖어 울고

마디 속
쌓인 한을
소리로 엮어내어

한 생애
슬픈 곡조로
되살아난 대금이여

꽃과 나비

황진이 꽃이라면
서화담 나비로다

생시의 만남보다
꿈속에 그리운 정

이 밤도
나비 한 마리
허공 속을 나르네

다랑이 논

산기슭
베개 삼아
편안히 누워 있는

바람도
흰 구름도
내려와 쉬어간다

작고도
정겨운 이름
다랑이 논 한 떼기

간절곶

한 아름 희망 안고
솟아 오른 밝은 태양

간절한 마음으로
손 모아 빌고 비네

모든 복
골고루 내리어
두루 행복하소서

콩나물

동그란
시루 방에
빽빽이 뉘어 놓고

가난한
우리 엄마
맹물만 먹이누나

모두들
머리 맞대고
키 재면서 잘도 크네

태백산맥

저 동해 거센 파도
몸으로 막아 내고

남으로 뻗어가며
용솟음치는 산맥

민족혼
저 굳건한 힘줄기
영원토록 푸르리

| 김 기 숙 |

- 출생/공주시 유구읍
- 시의 전당 푸른 원두막 회원, 석교시조문학 정회원

고뇌苦惱

운문에 숨은 문장
하나씩 채집한다

감성의 내밀함과
사물의 기묘함도

찰나에
부싯돌처럼
번쩍이는 깨달음

시심詩心

영혼을
구원하고
시대를 깨우는 일

기미機微를
짐작하여
효시嚆矢를 발사하고

파랗게
눈 뜬 붓으로
맑은 눈물 그린다

성숙

죄 없이 지는 꽃이
한없이 애처로워

눈썹에 맺힌 이슬
감당키 어렵더니

이 한생
꾸밈없어도
순리대로 익는다.

풍경

가을엔
시천詩泉 솟아
하늘을 들여놓고

여물은
시어詩語들을
쪽빛에 물들였나

금사金絲로
별을 수놓아
꿈의 창에 걸리라.

백련화白蓮花

세상이 밝아지네
순박한 하얀 연꽃

향기를 일렁이며
곱게도 일어섰다

진리란
어렵지 않아
눈에 항상 보인 삶

대한大旱

뜨거운
불볕더위
초목이 맥을 잃고

습지의
풀들마저
처연히 말라갈 때

깊은 골
흐르는 눈물
기원되어 오르네

땅나리꽃

광막한 공간 지나
아득한 시간 거쳐

형형한 눈빛으로
시공을 초월하여

절제와
겸손함으로
빛나는 별 품었네.

|김남숙|

- 아호/초성 • 출생/경남 하동 • ≪현대시선≫ 시 부문 신인문학상 수상
- 현대시선 작가협회 회원, 현대시선 이사 • 계간 ≪청옥문학≫ 時調 등단
- 시의 전당 푸른 원두막 회원, 석교시조문학 회원, 청옥문학협회 재무 차장, 청옥문학후원회 재무 차장
- 제11회 경남 고성 국제디카시 페스티벌 입상, 시 노래 내 안의 그대 작사, 감성테마여행 제2집 영상앨범 참여, 감성테마여행 아차산 광교 중랑천 시화전 참여
- 감성테마여행 영상시 문학상 동상 수상 (난 설야를 꿈꾼다)
- 대한 현대 시단사 이 한 세상 동인지 초대시인
- 현대시선 가을편지 10 인의 감성여행 참여

초가

보리밭 이랑 돌아
반달을 이고 있다

칠 남매 사는 자리
바람도 조용한데

저 지붕
데리러 왔나
앞산 빼꼼 또 반달

아낙네

육칠월
뒷밭에는
산새도 누워 자고

돌려쓴
수건 아래
호미만 부산한데

열아홉
곱던 얼굴은
어디에서 캘거나

절경

휘어진 능선따라
팽팽한 별 무리들

빼곡한 구름 풀어
발아래 두었건만

저 아래
산꿩 소리에
아침해가 화들짝

양파

눈시울
적셔주는
알싸한 너의 매력

아리고
매운 것은
세월의 흔적인가

달큼한
오묘함으로
아삭거린 결정체

질경이

서럽고 모진 세월
숨죽여 살아온 날

목숨이 질기다고
자신을 타박하네

세상이
등을 돌려도
마음먹기 달린걸

해바라기

수줍어
숙여버린
눈웃음 들킬까 봐

해따라
돌아서다
가슴만 타는구나

지난밤
스친 사랑을
어디에서 보려나

모지랑숟가락

굽어진 허리 잡고
세월을 파내더니

어느새 날을 세워
가슴을 파는구나

동트자
떠나는 님은
텅 빈속을 알려나

| 문 영 길 |

- 출생지/경기도 남양주   • ≪문학 21≫ 시부문 등단(2008년)
- 청옥문학협회 편집부장, 새부산시인협회 총무부장, 청옥문학협회 기획분과 위원장
- 천성문인협회 상임이사, 부산영호남문인협회 회원

바지랑대

빨래한 시름 거리
치받친 바지랑대

아내의 단벌옷에
햇살이 놀다가면

우수수
원피스에서
쏟아지는 꽃송이

돼지꿈, 개꿈

신령한
꿈에 기댄
'혹시나' 기대심리

백발을
쏘아봐도
과녁엔 항상 헛발

일주일
행복한 상상
'역시나'의 재확인

단풍 상여

산천이 울긋불긋
마지막 절정인데

갈대가 만장輓章 드니
호시절 허무하네

세월의
부질없음에
단풍 상여 굼뜨다.

파랑波浪

써레질
끝도 없이
쪽빛을 밀어내도

설레는
마음에는
사벼운 실낭이만

무시로
뒤척거리는
멀미뿐인 시치미

모란꽃

오월의 햇살 가득
요양원 앞마당엔

검붉은 적요 속에
모란꽃 향기 만발

어머니
손끝에 잡힌
목단 패가 애섧다

재개발 상권의 허와 실

장밋빛
청사진에
솔깃한 기대심리

고생한
자영업자
폭등한 임대료에

한숨만
독버섯으로
자라나는 허탈함

기대의 도미노

매일이 투쟁이던
숨 가쁜 나날 속에

힘겹게 줄 세우던
기대의 도미노가

심각한
경제 불황에
여지없이 와르르

| 박 종 성 |

- 출생지/경남 진주
- ≪청옥문학≫ 詩 부문 등단, ≪청옥문학≫ 時調 부문 등단
- 청옥문학협회 이사, 석교시조문학 회원, 시의 전당 푸른 원두막 회원

옹이

크면서 뻗쳐나가
뜻대로 되질 않아

홧김에 내쳤더니
응어리 속병 되어

가을엔 불같은 성질 관절염에 꺾이다

이별은 단호하고

걸쭉한

혈액 이상

사는 게 무엇인지

잠 못 든

긴 긴 하루

무엇이 쌓였을까

회백색 실타래 꼬여 풀지 못한 그 매듭

사과 붉어지다

눈 흘긴 꽃샘추위
모질게 따지더니

맥 풀린 짧은 장마
늦봄이 그리웠나

갑자기

신열 내린 듯
볼우물이 벌겋다

탈피

틈 사이
실낱같아
피 토해 트인 목젖

실핏줄
흔적으로
소리를 얻고 나니

짧은 삶
등신불 되어
묵언 수행 연꽃인 양

탑돌이

지금도 꽃인 것을
앞다퉈 마을회관

흰소리 흘깃하고
부산한 네 편 내 편

온종일 돌리는 화투
흐드러진 홍 청 초

경계

풋사랑
전부인 양
불 조절 잘못하여

냉가슴
여기저기
타다 만 흔적늘

어쩌나
두 개의 공존
뜨거움과 차가움

하얀 햇빛 지나가고

거친 숨 토해내고
마지막 점을 찍어

제 살을 태우고도
아쉬움 하나 없는

어느덧 진실만 남아
푸른 하늘 가깝다

| 소 인 선 |

- 고향/전북진안　・《청옥문학》 시 등단
- 청옥문학협회 정회원, 청옥문학후원회 재무차장, 시의 전당 푸른 원두막 회원
- 석교시조문학 회원
- 『시의 전당 푸른 원두막』 공저 시집 2집 외 다수

등대

젖은 날 마른날도
저 넓은 밤바다에

행여나 길 잃을까
우뚝 선 에훈인 마음

하얗게
밤을 지새는
그 눈빛에 어머니

도반道伴

온 세상
백팔번뇌
갖가지 다르건만

옷맵시
바로 세워
두 손은 합장하고

저 하심下心
긴긴 세월이
연꽃으로 피었다

우수雨水

가지 끝 줄기마다
물소리 퍼올리고

순매원 젖 몽우리
바람 불어 전해오니

이른 봄
꽃눈 터지니
함박웃음 짓더라

거미

제 몸
다 가두어서
저 타액 술 술 풀어

쉼 없이
씨 실 날실
한 평생 줄을 타고

살으리
그 사랑 그 속에
삶의 매듭 엮으며

장마

먹구름 덮어놓고
온종일 눈물 쏟아

온 세상 마른 인심
젖어서 살라 하고

내 마음
헛된 욕심들
씻고 씻어 살라네

거울

세월로
엮고 엮여
시작 끝 분별없어

마음속
묵은 때들
씻어서 비춰본다

다듬질
얼마나 해야
이 마음도 윤날까

서룡리 西龍里

오봉산 저 산자락
산수화 펼쳐 놓고

에움길* 숲길 사이
강물도 굽이돌고

임경대
푸른 소나무에
뭉게구름 걸렸네

* 에움길 : 둘러서 가는 길

| 송 경 희 |

- 출생/충남 논산 • ≪부산시단≫ 시부문 등단
- 부산문인협회 회원, 새부산시인협회 봉사차장, 청옥문학협회 편집위원, 석교시조문학 회원, 시낭송가
- 부산시단 작가상 수상
- 시집 : 『무지개 차를 마시며』

태풍의 눈

한바탕 난타 끝에
장맛비 소강상태

구름 속 감춘 마음
바람도 하릴없고

한밤중
무거운 고독
꿈틀대는 태동이

초원의 꿈

초록빛
잔디 위로
사뿐히 내려앉은

새하얀
공 하나에
담기는 힘찬 웃음

재충전
꽃구름 타고
쉬어가는 한나절

장미에게

두 손에 고이 받든
빛나는 말 한마디

뜨거운 고백마저
수줍고 향기롭네

한 송이
기쁨 피우려
돋아나는 장미야

여명

안개가
달을 가려
시야도 아슴한데

내 앞을
막아서는
바람실 가름실에

희미한
어둠 속 여명
내 가슴에 스민다

장독대

해묵은 세월 속에
장맛은 익어가고

나란히 줄 세우는
발효된 모정인가

잊은 듯
어루만지는
손길마다 정겹다

새로운 바다

청록색
바다 위를
떠도는 뭉게구름

유람선
유리창 밖
아직은 해가 붉다

저 물결
뜻모를 얘기
되뇌이는 정이여

유혹의 손짓

수줍은 고갯짓에
샐긋한 눈웃음이

청자빛 배경 삼아
피어난 코스모스

무시로
다가서고픈
그곳에는 가을이

| 신 순 희 |

- 아호/산여울 · 출생/ 경북 봉화군 출생 · ≪민주문학≫ 등단
- 민주문학 동인지 공저, 민주문학 봄 여름 계간지 공저, 민주문학 여름호 계간지 공저
- 계간 ≪청옥문학≫ 時調 등단
- 석교시조문학 회원, 시의 전당 푸른 원두막 회원, 청옥문학협회 정회원

섬

수많은 보금자리
싫다고 떠나더니

벗어난 해방감이
그리도 좋은 건지

외로운
점 하나 누워
평화로운 저녁놀

저녁놀

퇴근길
수평선 위
태양을 허겁지겁

급체한
푸른 바다
온몸에 붉은 윤슬

한바탕
곤두박질에
나래 펴는 갈매기

중년

인생의 오르막길
괴로운 순간마다

설익은 과일처럼
떫은맛 입안 가득

두 눈에
주름살 파여
흔들리는 눈동자

산행山行

숲 속 길
마중 나온
줄지어 가는 걸음

올랐다
내려놓고
늘었다 올려놓고

인생사
굽이친 용기
날개 달아 올린다

불볕더위

파리한 잡초 사이
태양이 눌러앉아

한여름 논바닥에
물기 다 빼앗으니

저 농부
발걸음보다
더 무거운 벼 뿌리

젊음

청포도
물이 드는
칠월은 분주한데

새하얀
고깔 쓴 채
천연덕 새침 떼기

알알이
뜨거운 가슴
꿈을 꾸는 청춘들.

길꽃

발길에 차일 듯이
시원한 그늘 밑을

이 한낮 둥근 하품
목젖을 드러낸다

저 행인
웃음소리에
입도 다문 옥잠화

| 신 경 환 |

- 아호/ 右晙   • 출생/경북 군위군
- 계간 ≪청옥문학≫ 時調 부문 등단, 계간 ≪청옥문학≫ 詩 부문 등단
- 청옥문학협회 재무국장, 청옥문학후원회 감사, 시의 전당 푸른 원두막 재무
- 석교시조문학 회원

지구를 삶다

친환경 태양열로
육수를 끓여 낸다

끈적한 삶의 고뇌
영양분 손실 없이

오염된 지구를 삶아
구정물을 우린다

오를 수 없는 산

흰 구름
덮고 자는
저 산이 높다 하나

지팡이
짚은 님의
발아래 길인 것을

낮아도
오를 수 없는
깊고 넓은 그 마음

가을의 서문

스치는 바람결에
까르르 웃던 잎도

귀뚜리 날갯짓에
얼굴빛 샛노랗다

이 가을
물들지 않을 자
그 누구란 말이오

대답 없는 님이여

천년의
세월에도
저 산은 푸르른데

분홍 꽃
지르밟고
먼 길을 가신 님아

소쩍새
밤을 삼키면
하얀 달을 품는다

노송

능선에 늙은 노송
굽어진 허리 위에

삭풍이 긁고 가니
백설이 짓눌리네

어머니
이고 진 삶도
저 나무와 같구나

하얀 목련

여섯 잎
풀어 젖힌
목련의 저고리에

순백의
어미 마음
간절히 저며 놓고

한 가닥
짧은 봄날에
울며 지는 님이여

어머님의 손

손등에 새겨 놓은
굽이친 긴 세월은

검게 탄 가슴 한편
한 많은 흔적으로

골 깊은 갑골문자로
각인되어 흐른다

| 심 애 경 |

- 아호/ 珮池(예지) • 출생지/전남 해남
- 한국 시조문학 정회원 • 계간 ≪청옥문학≫ 時調 등단, 계간 ≪청옥문학≫ 詩등단
- 계간 청옥문학 편집간사, 청옥문학협회 사무장, 부산청수필문학회 이사, 청옥문학협회 시조 분과 회장
- 청옥문학 석교시조 작가상 수상
- 시의 전당, 푸른 원두막 총괄리더, 석교시조문학 총괄리더
- 개인시조집 :『혼을 담은 시조 향기』
- 저서 :『시가 있는 아침』,『산책로에서 만난 詩』,『사랑한다 너여서』,『시의 전당 푸른 원두막』(석교시조 동인지) 외 다수
- E - mail : simsag1212@naver.com

경지境地

저 산사 풍경소리
삶의 길 잡아 주고

구르는 목탁소리
내 업장 소멸하네

한 꺼풀
허물을 벗는
거울 같은 내 마음

도자桃子

햇살이
키 재는 날
허공을 딛고 섰다

한여름
가을볕에
일어선 생멍의 맛

익어서
탐욕과 만행
달콤함을 빚었다

아버지의 그림자

짓누른 삶의 무게
내리고 가신 님아

밤이면 가슴 찢는
소쩍새 울음소리

목 놓아
불러 보아도
메아리만 울린다

부화孵化

풀벌레
목청 높여
가을 문 여는 소리

경이驚異의
눈 뜬 부활
길섶에 가득 차다

여름날
추억 한 자락
펼쳐보는 짧은 생

꿈틀

든든한 집 한 채로
골짜기 누벼왔다

저 허물 벗어 놓은
연초록 알몸뚱이

한생을
짜 온 비단에
날고 싶은 애벌레

갈증渴症

저 하늘
이은 구름
불더위 걷어 낸다

목청껏
한을 토한
빗 줄기 울음소리

한 여인
고인 속내를
시원스레 틔운다

온천

절경을 빗질하여
맑은 물 능선 엮어

과거에 쌓인 속내
녹여준 온탕 열기

여독旅毒이
기포가 되어
하늘 같은 맑은 몸

| 양 원 식 |

- 아호/효산曉山 • 출생지/경북 예천군
- 월간문학 신인상당선
- 부산해동고등학교 교장 역임, 부산시조문학회 회장 역임, 부산일보 신춘문예 심사위원 역임, 성파시조문학상 운영위원장(재), 부산시 교사불자회 회장 역임
- 부산광역시 문화상수상(문학부분)
- 시조집 :『관등부』외 다수

비구름 나누는 날

손바닥 골 깊이에
바람길을 찾고 찾네

비구름을 나누던 날
웃음도 찾아선다

갈매기
화엄 농장에
쟁기를 맨 달을 보네

방하착

나와 너
비울 방석
석씨 문중 무자 항렬

생시가
한 자리인
외길 밖 봉전 걸음

상주심相住心
삼무三無 도피안
면벽 청산 처처 웃음

낭산 등대

삼백 년 상사 지기
청사포 망부 장송

당산 섶 바다 길목
서로 그린 정자 두채

개벽을
함께인 자리
사다릿돌 환한 등대

무쇠솥 누룽지

무쇠솥
누룽지를
긁으며 저민 제살

보리밥
감자 묵밥
내물린 몽낭 숟갈

손님상
살피던 시절
슬픈 가슴 긁는 소리

문향지

응달에 숨어 피는
들국화 환한 미소

풀밭 백로 은하 음반
풀벌레 우는 벌판

추구월
만삭인 이슬
나눠 듣는 꽃향기

금곡동 일우

금정산
무척산이
무릎을 대고 빚은

눈부신
금빛 만경
서 낙동 석양 불꽃

금곡 뜰
죽지 푼 바람
수경 만파 은하 농장

호포에서

금정산 북쪽 발치
양산천 호포 금곡
해맞이 하늘 마루
마주한 신어 산정

구름을
헹구어 들고
낙동강을 넘나든다

| 오 용 섭 |

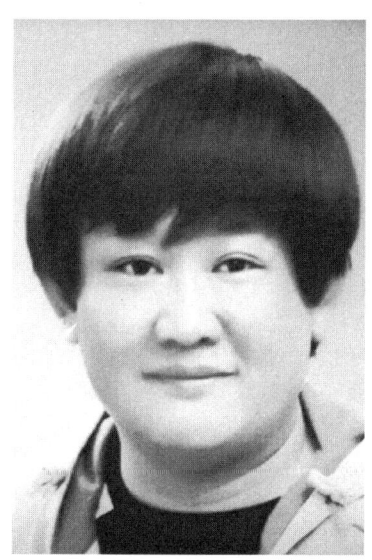

- 아호/眞用(진용) • 출생/충남 보령
- ≪청옥문학≫ 詩 등단
- 청옥문학협회 이사, 시의 전당 푸른 원두막 회원, 석교시조문학 회원
- E-mail : wjscpghlwkd@hanmail.net

낙동강

범 등성 빗질하듯
이어진 태백산맥

겨레의 붉은 맹세
이 가슴 불태우니

격동激動이
숨 쉬는 역사
살아있는 대동맥

가을의 노래

저 들녘
붉은 노을
목놓아 노래하고

벼 이삭
고개 숙여
겸손을 배워간다

청렴한
가을의 소리
익어가는 인생길

여우비

목마른 저 하늘도
속내를 드러내며

푸른빛 대지 위로
폭염을 솟아낸다

뜨겁게
넘겨온 달력
달래주는 소나기

단풍 연가

한 여름
볕 바람이
그리워 붉어졌고

또르르
굴러 내린
빗물에 흔들렸나

하늘색
물들인 단풍
가을 색도 덩달아

진통제

이별이 덜 슬프게
웃을 수 있더라면

이 세상 모든 아픔
줄일 수 있으련만

저 흔적
치유할 처방處方
희망의 덫 열었네

갈증

목마른
나의 영혼
책 속에 찾았으니

두레박
고이 엮어
물질을 시작하고

공허한
마음속 갈증
적셔주는 글 놀이

초심

흩어진 구름 사이
아침 빛 밝아오네

드러난 목마름이
목젖을 들어내고

빼곡한
책꽂이 속에
끼워놓은 시심들

| 우 종 국 |

- 아호/월천 • 출생지/대구광역시 • ≪국보문학≫ 시부문 등단
- 국보문학 정회원, 미당문학회 이사, 한국문학작가회 정회원, 시를 사랑하는 사람들 정회원, 시의 전당 푸른 원두막 정회원, 석교시조문학 정회원
- 공저 :『꾼과 쟁이』제10편
- 공저 :『푸른문학』여름호 초청작가, 목련을 위한 기도 수록
- 공저 : 국보문학 내 마음의 숲 6권, 시의 전당 동인지 제3집

달밤

동산에 달 떠오니
소쩍새 임 찾는다

교교한 달빛 아래
여치 울음 처량한데

청솔 잎 끝자락에는
산들바람 노닌다

매미의 사랑

긴세월
그리던 임
앙가슴 사무친다

구애의
노랫소리
여름 밤 뜨거워라

고운 임
연분 맺는 날
청사초롱 밝히리

설중매 雪中梅

천년의 향기 품은
화사한 송이송이

서릿발 같은 절개
사군자 으뜸자리

영원히 지지 않는 꽃
곱디고운 저 자태

잠자리

실바람
타고 놀다
꽃잎에 입 맞추고

연잎 위
맑은 구슬
한 조각 베어 물고

영롱한
은빛 나래짓
푸른 하늘 가른다

가을이 오면

무더위 지친 영혼
갈바람 기다려도

지는 잎 허무함은
또 어찌 달랠쏘냐

덧없는 세월의 흐름
텅 빈 가슴 적신다

백두와 한라

백두는
웅장하고
한라는 화사하다

수 천리
떨어져도
한 핏줄 한 몸인데

언젠가
손에 손잡고
하늘 높이 솟으리

산사의 풍경소리

수려한 명산대찰
대웅전 처마 자락

바람결 들려오는
청아한 울림소리

마음속 백팔번뇌가
봄눈 녹듯 사라지네

| 윤 소 영(옥희) |

- 고향/서울
- 계간 ≪청옥문학≫ 詩부분 등단
- 청옥문학협회 재무차장, 석교시조문학 회원, 시의 전당 푸른 원두막 회원

무념無念

저 멀리 해무 피어
잡힐 듯 사라지고

더듬듯 아련하게
그 모습 그려본다

한 생을
외딴섬 품고
기다림을 배운다

송도의 밤

상쾌한
바닷바람
구름 탄 산책로 길

연인들
케이블카
은밀한 밀당 놀이

저 하늘
감춰둔 연심
여름밤을 녹인다

기다림

이 업장 두 손 모아
비우고 다스려도

침묵 속 저 그리움
알알이 맺혀간다

발자국
기침 소리에
달려가는 버선발

유성流星

멍하니
하늘 보니
별똥별 내 가슴에

긴 여운
춤사위로
그리움 싹 틔우고

기다림
설레이는 맘
주렁주렁 떨어진다

소식

숨죽인 시계 소리
말 없는 어둠으로

오롯이 미소 짓는
별님은 아시는지

그리움
목 길게 빼고
임 그림자 그린다

함박꽃

열기 찬

붉은 연정

사슴 목 길게 빼고

바라본

남쪽 하늘

눈망울 젖어 들 때

꿈인가

그대 숨결에

함박꽃 향 피더라

설렘

길고 긴 저 기다림
애가 탄 맘 달리고

어쩌다 돌아보면
그림자 부끄러워

입 맞춤
향기에 취해
꽃과 나비 춤추다

| 윤 주 동 |

- 아호/상온(祥溫)   • 출생지/경남 김해(현:부산)
- 現 | (사) 한국 음악저작권협회(대중부문)회원, 부산광역시 문인협회 회원, 청옥문학협회 회원, 석교시조문학회 회원.
- 登壇 | ≪문학도시≫ 시 부문, 계간 ≪청옥문학≫ 時調부문.
- 受賞 | 제4회 사하모래톱 문학상 최우수상(시조부문).
- 데뷔 | 1974년 「망향의 노래」작사(박현우작곡, 강인원노래)발표, 「어부」(정수호작곡, 김동아노래), 「남촌아가씨」(채희성작곡, 최진아노래), 「계절이 돌아오면」(정상작곡, 김형희노래), 「이기대연가」(박현우작곡, 강달님노래) 외 다수 발표.
- 시조집 | 『지나 가는 바람 소리』
- 著書 | 창작집 제1집 『세월무상』 외 다수 발표
- E-mail | jd4787@naver.com

유혹誘惑

봄 들녘 나서보니
꽃들이 만발하여

자꾸만 불러대며
곁으로 오라 하네

차라리
나비가 되어
안방 차지해 볼까

마음

순수한
마음 초심
백성의 마음 민심

민심은
천심이라
역천逆天사 빌낭내이必亡乃已

초심을
잃지 않는 자
천심까지 얻는다

본本

선인先人을 본받기를
때로는 거부하며

나름의 길을 찾아
곧은 삶 살았는데

어느덧
선인들의 길
한가운데 서 있네

등고선等高線

뒤꿈치
치켜들고
더 높이 뛰어보며

함께는
아니라며
언제나 우기다가

때로는
뛰쳐나가며
거부해도 제자리

저 바람은

숨 가쁜 고개 앞에
다가선 저 바람은

울면서 넘었다가
웃으며 돌아오는데

떠나간
우리 엄마는
세월 속에 묻혔네

피차일반彼此一般

나 한 잔
너도 한 잔
취해서 헤어진 뒤

길에서
잠잤다면
남 앞에 체면 없지

그 일을
비웃는 나도
깨어보니 낯선 집

위풍당당 威風堂堂

여섯 살 오빠이고
의젓한 형아인데

스스로 할 수 있다
당당히 말하더니

급해요
바지 내려줘!
화장실로 달린다

| 이 기 택 |

- 출생/제주 성산
- 계간 ≪청옥문학≫ 詩부문 등단
- 계간 청옥문학 편집위원, 국제펜클럽한국본부 회원, 국제펜클럽 부산지회 사무차장, 청옥문학협회 이사, 부산문인협회 회원, 석교시조문학 회원
- 청옥문학협회 작품상 수상

두견화

동트는 산골 마을
구슬픈 노랫소리

무엇이 서러워서
목놓아 우는 거냐

두견새
피를 토하여
저 꽃잎을 물들인다

소리꾼

한 여름
뜰 앞에서
목청껏 울어대던

숲 속의
난봉꾼아
이 밤에 무슨 통곡

내게도
울 일 많은데
너 혼자만 슬프더냐

포도밭

알알이 맺힌 사연
날줄에 흩어놓고

뜨거운 여름 햇살
여우비가 식혀주네

달 아래
보랏빛 향기
함초롬히 영근다

모정

땀 배인
삼베 적삼
주름진 엄니 얼굴

밭이랑
걸터 앉아
한 서린 신세디령

집 떠난
우리 아들놈
배곯지는 않는지

야생화

산사 앞 개울가에
지나는 실바람은

절박한 삶의 번뇌
향기로 공양한다

지천에
피고 지는 꽃
가슴 저민 사연들

눈물

인왕산
초입 마을
찡그린 하늘 저편

흰구름
멍이 들어
달빛은 간곳없고

비바람
한통속으로
여린 꽃잎 희롱한다

민들레

그믐 밤 잔별들이
뜨락에 쏟아졌네

돌 계층 흙먼지에
힘들게 뿌리 내려

노랗게
꽃을 피우니
이게 바로 너였구나

| 이 석 락 |

- 경북 경주시 출생.
- ≪자유문예≫ 詩부문 등단, ≪청옥문학≫ 수필 등단
- 문학저널 초대작가, 자유문예작가협회(문학의뜰) 부산경남지회장 역임, 계간 문학의뜰 창간호 편집장, (사) 국제펜한국본부 정회원, (사) 한국문인협회 회원, 부산문인협회 회원, 청옥문학협회 부회장, 계간 청옥문학 편집장
- 한국아파트신문 시 고정기고

안분지족

높은 산 오르려고
새벽잠 설쳤는데

꿈꾸고 매달린 길
갈 길이 아니었네

남의 밥
넘겨보다가
내 죽그릇 깨졌네

어리석은 본성

핥을 것
어디 없나
따뜻한 아침나절

단맛에
걸려들어
늪인 걸 잊었다기

하느님
파리 살려요
지옥이다 꿀단지

그 여자

세월이 약이란다
그래도 못 잊겠네

저녁놀 안타까움
너와 나 똑같구나

열다섯
눈부신 벚꽃
서리 덮여 시든다

푸른 세월

어떻게
잊을 건가
어린 싹 어깨동무

말해 줄
누구 없나
이렇게 잊있다고

고향 집
찾을 때마다
가물가물 옛 모습

그건 아니야

남들이 하는 짓이
너무나 우스워서

이렇게 해야 한다
저렇게 고쳐봐라

해준 말
많기도 한데
내가 하니 꼬이네

갑질

상전이
하인에게
고얀 일 마음대로

만물 간
높고 낮음
어디에 있디더냐

하물며
사람 일인데
눈감을까 염라왕

* 권력의 우위에 있는 갑이 권리관계에서 약자인 을에게 하는 부당행위를 통칭하는 개념

목숨

내 한생 네 한생이
다를 게 무엇이냐

몸 고통 마음 고생
곰인 양 넘겨보자

아깝다
버리기에는
너무 짧은 한평생

| 이 숙 남 |

- 아호/知垠지은 • 출생/경남 하동
- ≪영호남문학≫ 時調부문 등단, 계간 ≪청옥문학≫ 詩부문 등단
- 천성문인협회 회원, 청옥문학협회 회원, 석교시조문학 회원

돌섬

신록의 물결 따라
풍경은 꿈만 같고

펼쳐진 그림 속엔
활짝 핀 그 얼굴들

옛사랑
찾는 나그네
정들어 못 떠나네

바다

비릿한
바다내음
코끝을 휙 스치고

지긋이
눈을 감고
그대를 취해보니

가슴속
담아두었던
첫사랑 품속 같네

정

쪽 머리 풀어지고
밭고랑 넘나들며

주름진 그 얼굴은
세월 속 흔적이니

당신은
언덕배기에
홀로 지는 꽃이네

철새

야생의
꿈을 찾아
멀고 먼 북녘 하늘

힘차게
날개 저어
새로운 터를 찾네

두루미
잿빛 날개는
빛의 수묵화로다

사랑

이슬에 담긴 얼굴
달빛에 세수하니

옥처럼 반짝거려
마음도 보석인가

양귀비
부럽지 않는
그대 사랑 힘이네

나팔꽃

차디찬
밤이슬에
내 작은 소망 담아

환하게
웃음 지으며
보랏빛 물들인다

나팔꽃
외줄타기로
싱그럽게 피었네

남강

안개 낀 촉석루에
한 서린 치맛자락

풋풋한 한 송이 꽃
세상 빛 영혼 되니

절개로
흐르는 강물
그대 눈물 되었네

| 장 선 호 |

- 아호/淸雨청우 • 출생지/전남 광양 출생
- 계간 ≪시세계≫ 시부문 등단, 월간 ≪문학세계≫ 시조부문 등단
- 사)한국 시조문학진흥회 등단 (이사), 사)한국 문인협회 (시조분과) 정회원, 사)한국 시조시인협회 회원, 문학세계 문인회 정회원, 한국 베이비박스문인협회 대표, 제4회 수안보 온천시조문예축전 신인상, 사)한국 시조문학진흥회 정회원, 청풍명월 정격시조문학회 회원, 그루터기 앉아 쉬는 바람, 다솔문학, 석교시조문학 회원
- 공저 :『베이비박스에 희망을 싣고』(1.2.3.4집),『초록물결』(1.2.3집),『하늘비 산방』,『한국을 빛낸 문인』(2015~2016년),『마음으로 그리는 풍경화』외 다수
- E-mail : jsh051337@hanmail.net

속죄

風月의 합장 속에
천년을 살고 지고

엎드린 사연들이
쉼 없이 울어댄다

바람결
풍경소리가
우리 인생 이런가

장독

하늘을
가득 품은
짜디짠 세월이랴

만삭 배
쓸어안고
끈끈한 정이 익네

엄니의
손맛이구나
눈물겨운 세월이

중년

세월이 남긴 사연
근심만 아닐진대

푸르름 뒤에 숨은
하루가 앙상 쿠나

산등성
걸친 노을이
내 맘인가 싶어라

장마

솟구친
사연들이
알알이 쏟아지며

메마른
가슴속을
굽이쳐 흐르누나

세파에
휘둘린 하루
여울지는 넋두리

人生이 뭘꼬하여

인생이 뭘꼬하여
지필묵 챙겨놓고

추억을 넘나들다
희망이 그립구나

백설이
흩날릴 적에
헛기침만 하여라

촛불 (꿈)

시절에
말라가던
온몸이 녹아 녹아

어둠에
홀로 피어
춤추는 한송이 꽃

심장을
태우며 운다
이 밤 밝혀 보고파

홍시

가지 끝 홀로 남아
지천을 바라보며

농익은 초 시절의
희망을 되뇌이다

찬서리
옷깃 여밀 제
철이 들어 가는가

| 전 치 탁 |

- 아호/효정曉汀 • 출생지/경남 거제 장목면 외포리
- 동아대학교 문리대 국어국문학과 졸업
- 白水 鄭宛永 月河 李泰極 추천, ≪시조문학≫ 지로 등단
- 한국문인협회, 한국시조시인협회 회원, 부산시조시인협회 회장 역임
- 성파시조문학상 수상
- 부산 남성여자중학교 교장 역임, 신춘문예 심사위원 역임

대춘待春

오늘도 내 마음밭
꿈씨 하나 묻어놓고

서리 눈 긴긴밤을
돋우며 다독이여

꽃으로 어우를 그날
손 모두어 빕니다

조약돌

아리고
시린 아픔
세월로 다독이며

태종대
자갈마당
돌 하니 앉아있다

낯선 배
울고 간 자락
곱게 뜨는 저녁놀

떨어진 나뭇잎

왔다가 가는 사연
그런 거 아니더뇨

여직도 네 가을은
아슴히 멀었는데

한 잎 뚝
떨어져 갔는가
산비둘기 울던 날

4월

절기도
치매런가
춘분에 꽃 다 피고

흐드러질
4월인데
청멍淸明에 꽃 다 신다

봄이사
다시 또 오련만
올 수 없는 사람아

봄이 오는 길목

빛바랜 사색 편편
덧없이 굴러가면

스산한 모래바람
계절을 쓸어가고

저만치
목련 가지에
종알대는 꽃부리

서운암棲雲庵의 봄

물소리
새소리도
독경讀經을 닮았는데

키 낮은
과목果木들은
자비慈悲로 엉글디라

뜬구름
머무는 정토
봄 가는 줄 몰라라

창窓을 닫으며

뿔뿔이 떠난 교실
열린 창을 닫는 밤은

앞바다 눈을 감고
뒷산도 입을 닫고

총총총 그 눈망울들
별로 돋는 저 하늘

| 정 연 희 |

• 아호/은향隱香 • 고향/경기도 평택시
• 계간 ≪청옥문학≫ 詩부문 등단
• 청옥문학협회 신인상 수상
• 청옥문학협회 정회원, 시의 전당 푸른 원두막 회원, 석교시조문학 회원

매미의 변變

무더운 여름 나절
목청껏 울고 난 뒤

짧은 생 뒤로하는
한순간 전성시대

갈바람
서글픔 되니
한 생애의 끝자락

별리

철 잊은
깜짝 춘설
때늦은 후회인가

고단한
삶의 흔적
눈물로 배웅하네

가없는
사모의 정에
옷소매 흠뻑 젖네

달맞이꽃

괜스레 울렁이는
이 마음 처녀자리

밤하늘 저 은하수
오작교 건너가서

환하게
불타오르는
사랑의 꽃 피우리

꽃을 수놓다

동짓달
긴긴밤에
호롱불 홀로 밝아

침침한
어매 눈빛
가없이 흔들리네

골무 낀
손끝에서 핀
아름다운 꽃송이

장독대 뜬 달

밤새워 비는 소원
그리움 숨바꼭질

정성껏 닦은 윤슬
당신의 빛난 눈빛

어머니
대물림 손맛
달빛 속에 영근다

꿈길

꿈속에
찾아오신
당신의 고운 모습

그 얼굴
희미하고
눈빛만 우련하다

새벽잠
깨우고 간 님
약속 없어 야속타

폭풍 속으로

저 햇살 숨죽이니
심술보 기세등등

가지 끝 바람 일어
심연의 파문 인다

자연을
못 거스르니
한순간에 묻힌다

| 최 경 식 |

- 아호/청옥 • 태어난 곳/대구시
- 월간 ≪한울문학≫ 詩등단, 계간 ≪청옥문학≫ 時調부문, 수필부문 등단
- 한국문인협회인성교육개발위원, 국제펜한국본부, 부산문인협회, 부산불교문인협회, 기장문인협회 회원, 새부산시인협회 감사, 금정문인협회 이사, 청옥시낭송회, 청옥문학협회 회장, 계간 청옥문학 발행인
- 시집 :『나그네 정거장』외 5권
- E-mail : sik620@hanmail.net

새로운 정

새벽녘 스친 바람
실개천 친구 삼고

흰 구름 여유롭고
살가운 함박웃음

저 계절
보낸 시간들
나의 시선 부른다

별장

안개비
가렸어도
숲속 길 이어지고

처연히
꽃잎 져도
계곡물 향기 있다

녹음이
우거진 별장
그림처럼 보이네

지리산 천왕봉

펼쳐진 봉우리는
자연 중 최고 선물

천왕산 숨은 계곡
향기가 가득하고

수많은
걸음걸음들
흔적으로 남는다

겨울

강추위
짧은 시간
스쳐간 저 흔적들

고사목
꺾인 가지
고독에 증표인가

지난날
새 모습으로
단장하는 봄동산

접시꽃

고샅길 여기저기
선홍빛 선연하고

풍만한 몸 맵시엔
그리움 올망종말

오뉴월
햇살을 품고
새색시가 수줍다

* 고샅길 : 마을의 좁은길

희방사

가파른
첩첩산중
우렁찬 폭포 소리

설원 속
수행자들
해탈이 눈앞이다

밝아진
찰나의 순간
번뇌 망상 떠난다

행복

목 계단 올라가니
눈 속에 웃는 단풍

마주한 저 신천지
감동에 젖어든다

어머니
그 품 안에서
한시름을 놓는다

| 최 동 운 |

- 아호/云筆운필 • 출생/경북 경주
- 계간 ≪청옥문학≫ 詩부문 등단, 계간 ≪청옥문학≫ 時調부문 등단
- 계간 청옥문학 편집위원, 청옥문학협회 울산지회장, 청옥문학후원회 부회장, 석교시조 문학 회원, 시의 전당.푸른 원두막 회장
- 『사랑한다 너여서』,『시의 전당 푸른 원두막』,『석교시조문학 단시조 선집』외
- E‐mail : cbbss12@hanmail.net

길

쉼 없이 달려왔네
뒤돌아 볼새 없이

험한 길 피했더만
갈수록 덤불이라

왔던 길
돌아가려니
한숨만 절로 나네

세월

늘어진
야윈 어깨
갈수록 짓누르고

재 너머
먹구름도
쉬었다 가는구먼

뒤돌아
보지 않는 너
지치지도 않느냐

고향

삭풍이 쓸고 간 듯
허전한 빈자리

옛 그림자 하나 둘
말없이 사라지고

굴곡진
앞마당에는
잡초만 무성하네

비 오는 날에

보슬비
노랫가락
누구의 흥이련가

지짐이
동동주에
세월 주酒 가득 부어

사랑 임
따뜻한 가슴
변치 않길 바라네

비雨 여인

쏟아지는 빗줄기
속삭임 끝이 없네

인생사 설운 눈물
사념 속 빠져들어

밤새운
지친 물안개
아침 햇살에 잠든다

허상虛像

실버들
고운향기
심금을 울려놓고

벌 나비
날갯짓에
산천도 춤추는데

네 모습
애써 찾으나
숲 속에 가렸구나

봄의 침묵

솔바람 풀잎 자락
임 생각 돋아나고

그윽한 봄 내음은
그리움 안고 도네

잡지도
못하는 청춘
백발만 늘어간다

| 현 옥 환 |

- 출생/경북 청도
- 계간 ≪청옥문학≫ 詩부문 등단, 계간 ≪청옥문학≫ 時調부문 등단(2018년)
- 청옥문학협회 회원, 시의 전당 푸른 원두막 회원, 석교시조문학회 회원
- 『시의 전당 푸른 원두막』 제2집(공저), 『석교시조문학 26인 단시조 선집』

잔치

이파리 꽃받침에
울타리 밟고 서서

옷고름 풀어 던진
수줍은 홍안 미소

온 동네
소문난 꽃 잔치
벌나비 떼 춤춘다

가뭄

대지는
갈라지고
긴장한 땡볕 아래

저수지
목이 말라
제 몸도 갈라졌네

이 세상
허기 마른손
이 가슴속 불탄다

일광천

장맛비 일광천에
짝지은 물오리 떼

한가로이 물장구로
모두가 하나 되네

비 젖는
너의 행복에
나도 눈을 감는다

나그네

달음산
걸머지고
우뚝 선 내덕산 새

쭉 뻗은
고속도로
장안천 구비 돌아

먼 발치
새벽을 여는
희망 열차 달리네

축구

뭉쳐진 둥근 인연
영광의 건아들아

힘차게 치솟는다
저 하늘 함성 이여

한마음
뒤볼 새 없이
높은 벽을 향하여

등불

저 바다
내려보니
끝없는 푸른 노을

가파른
돌계단 위
우뚝 선 대웅전 앞

속 사연
가득히 쌓아
소멸 등불 밝힌다

안개 꽃

물 안개 피어오른
자욱한 저수지에

산허리 매달리어
깍짓손 감고 돌아

숨겨진
그리운 얼굴
연기되어 피었네

| 홍 원 기 |

- 아호/도연(塗秊) · 출생/강원도 삼척
- 시의 전당 푸른 원두막 회원, 석교시조문학 회원, 월간 뷰티엔패션 발행인
- 저서 :『석교시조문학 단시조 선집』외 다수

화가의 꿈

흰 구름 바람 따라
뜨락 안 들어서고

하늘을 바라보던
수줍은 어린 소녀

붓 끝에
구름 매달아
가득 채운 도화지

달빛사랑

달무리
은은하게
연인들 길 밝힌 밤

풀벌레
노랫소리
길섶에 가득하고

이 사랑
마중물 되어
심장소리 울린 밤

폭염

대장간 풀무질이
하늘님 뜻이련가

불덩이 담금질에
김장철 파김치라

소금 간
잔뜩 배어져
숨결 죽은 산 몸이여

여름 장마

온 마을
훑고 지난
초여름 장맛비에

실개천
강물 되어
문앞서 치근대니

어린 맘
딱지 걱정에
밤잠 잊고 지샌 밤

가을 문턱

설익은 가을바람
계절 끝 다가서니

불볕의 여름날도
지는 해 바라본다

시간은
인간과 자연
비껴감이 없어라

섬

풍상에
찌든 고독
억장을 받쳐이고

비껴간
세월조차
티끌로 비워내니

홀연히
변해버린 섬
무릉도원 이더라

생명수

하늘이 떨구는 비
뭇 생명 공기 되어

대지의 호흡 따라
뿌리로 스며드니

숨관의
물 올림으로
잔칫날 된 잎새들

편집후기

 올해 작고하신 故 석교 장금철 시조시인의 유훈처럼 정형 단시조에 충실한 작품들을 모아 이렇듯 26인 단시조 선집을 세상에 선보일 수 있음은 회원 개개인의 자발적 참여 없이는 힘든 작업이었고 편집위원들의 보이지 않는 수고가 바탕이 되었습니다.

 특히 석교시조문학 밴드의 총괄 리더로 촌음을 쪼개가며 강의 일정과 강사진 섭외 및 원고의 퇴고작업, 회원 관리까지 도맡아 하신 심예지(애경) 시조시인의 열정과 전치탁 원로 시조시인님, 양원식 교수님의 지도가 만든 결과물이기에 최경시 회장님을 위시한 회원 모두의 박수를 받아 마땅한 일입이다.

 이번 시조집에서 각기 작품마다 기량의 차이는 있겠지만 중요한 것은 진취적이고 지속적 노력으로 성장해가는 과정 속에 있기에 지금의 지향하는 시점이 조금 다르더라도 도달하고자 하는 방향은 같으리라 생각해봅니다.

 상온 윤주동 시조시인께서 청옥문예대학에서 시조공부를 열심히 한 결과로 올해 모래톱문학상 전국공모에서 최우수 작품상을 타신 것을 진심으로 축하드리며 끝으로 이번 제2회 석교시조문학상을 수상하는 인재가 이 책에 등재된 작가 중에서 나오기를 기대합니다.

편집부장 *문영길* 시인

석교시조문학 26인
(단시조 선집)

인쇄 | 2018년 9월 5일
발행 | 2018년 9월 15일

편 집 장 | 이석락
편집부장 | 문영길
편집간사 | 심예지
편집위원 | 강선우, 김남숙, 박종성, 이기택, 윤주동, 신우준, 신순희, 최동운

엮 은 이 | 최경식
펴 낸 곳 | 도서출판 청옥문학사
인 쇄 처 | 세종문화사

출판등록 제10-11-05호
E-mail: sik620@hanmail.net   전화: 051-517-6068

값: 15,000원

ISBN 978-89-97805-75-4 03810

이 도서의 국립중앙도서관 출판예정도서목록(cip)은 서지정보유통지원시스템 홈페이지(http://seoji.nl.go.kr)와 국가자료공동목록시스템(http://www.nl.go.kr/kolisnet)에서 이용하실 수 있습니다.(cip2018029169)

* 이 책의 무단전재 및 복제행위는 저작권법에 의거, 처벌의 대상이 됩니다.

청옥문학사
출판사업 안내

"단행본을 출판해 드립니다."

저렴한 출판비로 전문 디자인팀을 두고
모든 서적을 정성껏 실비로 만들어 드립니다.

■ 출판비용과 기타
· 시　집 : 128페이지 이내　230만 원
· 수필집 : 200페이지 이내　290만 원
· 소설집 : 256페이지 이내　350만 원

작가의 작품성에 따라 재조정
인쇄방식과 페이지가 늘어날 경우
제작비 재조정

■ 청옥문학사에서 출판하면 좋은 이유
- 제작비가 저렴하므로 재정적 부담이 적어짐
- 문학사에서 출판하므로 저서에 대한 신뢰도가 높아짐
- 원할 경우 작품해설을 비평가에게 의뢰하여 넣어드림
- 청옥문학과 한국문학방송에 홍보, 본지에 1회 광고해 드림
- 전국 교보문고 매장, 인터넷, 인터넷서점 영광도서, 알라딘 판매와 국립중앙도서관, 국회도서관, 부산에 있는 도서관 35군데, 한국잡지협회, 남포문고, 한국문학방송, 대한출판문화협회, 한성서적, 새학서점, 에이스북스, 지성도서 납본
- 청옥문학 회원에게는 특혜를 드림

상담 : 폰 010-3831-0062 / 전화 051-517-6068

도서출판 청옥문학사 대표

계간 청옥문학

청옥문학협회 계간 「청옥문학」
신인작품상(등단)안내

「청옥文學」은 신인작품상을 모집하여 문단에 유능한 신인을 많이 배출하고 있습니다. 본 협회는 아래와 같은 규정으로 한국 문단에 새 지평을 열어나갈 참신하고 역량 있는 신인들에게 동참할 기회를 드리고자 작품을 계속 모집합니다. 계간 청옥문학 신인상 모집은 분기별로 매월 25일에 마감하여 연 4회 발표합니다.

| 종별 |
- 시 : 매수 7편 (A4용지, 제목 15포인트 본문 11포인트)
- 시조 : 매수 10편(A4용지, 제목 15포인트 본문 11포인트)
- 수필 : 2편(A4용지, 11포인트 2배 이내)
- 문학 평론 : (200자 원고지 80매 내외)
- 민조시 : 매수 10편(A4용지, 제목 15포인트 본문 11포인트)
- 단편소설 : 매수 1편(200자 원고지 80매 내외)
- 청소년 문학 : 동화 3편(A4용지, 제목 15포인트 본문 11포인트)
  동시 5편(A4용지, 제목 15포인트 본문 11포인트)

| 규정 |
- 응모 작품은 3개월에 1회씩 심사 발표한다.
- 당선된 작품은 본지에 게재하고, 분기별로 시상한다.
- 당선된 신인은 1회 당선으로 기성 문인 대우를 받으며, 각 단체에서 활동할 수 있다.
- 당선과 동시에 본 협회 회원으로 가입할 수 있는 자격을 인정한다.
- 심사는 1차, 2차 심사 후 발표한다.
- 응모 작품 끝에는 주소 · 전화번호 · 본명을 명기해야 한다.
- 작품은 메일로만 받는다. (텍스트로 보내시고 사진첨부 바람)
  - E-mail : leeseoklak@hanmail.net/ sik620@hanmail.net/
    사무장 : simsag1212@naver.com

■ 편집실 : 47742. 부산시 동래구 명륜로 203-6호 (금강빌딩 B동 2층)
계간 「청옥문학」 편집국
전화문의 : 051-517-6068 / 편집장 010-7157-4778 / 사무장 010-4631-1439

청옥문학협회, 계간 청옥문학 편집국